L'INCROYABLE  LAROUSSE

ENCYCLOPÉDIE

Incroyable Égypte

Sommaire

Texte :
Céline Bénard
Illustrations :
Isa Python

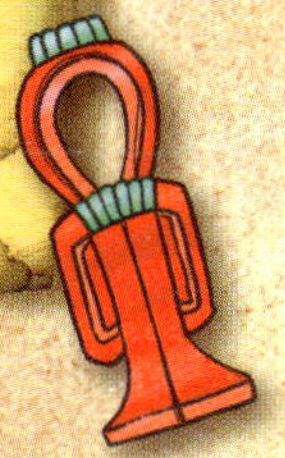

LAROUSSE

Dieu parmi les hommes

Un homme ? Oui, mais aussi un dieu, ou presque ! Sur les peintures et les sculptures des temples, le pharaon est représenté presque de la même taille que les dieux, et bien plus grand que les hommes…

Preuves de royauté

Comment savoir que l'on se trouve en face du pharaon ? Impossible de se tromper : il porte de nombreux symboles de son pouvoir !

Une grande dame

Hatshepsout n'est pas la seule femme à avoir occupé le trône d'Égypte. Mais, contrairement aux autres, elle s'habillait souvent en homme. Elle est même parfois représentée avec la barbe postiche !

Tombeaux pointus

Pourquoi les pharaons se font-ils construire des pyramides gigantesques en plein désert ? Pour pouvoir revivre après leur mort, même si les construire est difficile !

La forme des tombeaux des pharaons a évolué avec le temps.

Sphinx de garde

Le corps de cette gigantesque sculpture est celui d'un lion. Mais la tête ? On pense qu'il s'agit de celle du pharaon Kheops, comme le prouve... la forme des oreilles de la statue !

Le Sphinx semble monter la garde devant les trois pyramides de Gizeh.

Au voleur !

Quand la tombe du pharaon Séti Ier a été découverte, le sarcophage était vide… 3 siècles après la mort du pharaon, sa momie avait été déplacée, comme d'autres momies, pour qu'elle ne soit pas volée ! Les meubles et objets avaient aussi disparu, emportés par des pilleurs…

Bien emballé

Quelle horreur, une momie ! En as-tu déjà vu une ? Elles peuvent être effrayantes, mais c'est le moyen que les Égyptiens ont trouvé pour conserver le corps après la mort.

Défunt, purifie-toi !

Lorsqu'un homme meurt, son corps est tout d'abord lavé à grande eau, puis épilé. Les prêtres embaumeurs sont ensuite chargés de le momifier. Ils réalisent une série d'opérations avant de l'envelopper de bandelettes pour en faire une momie...

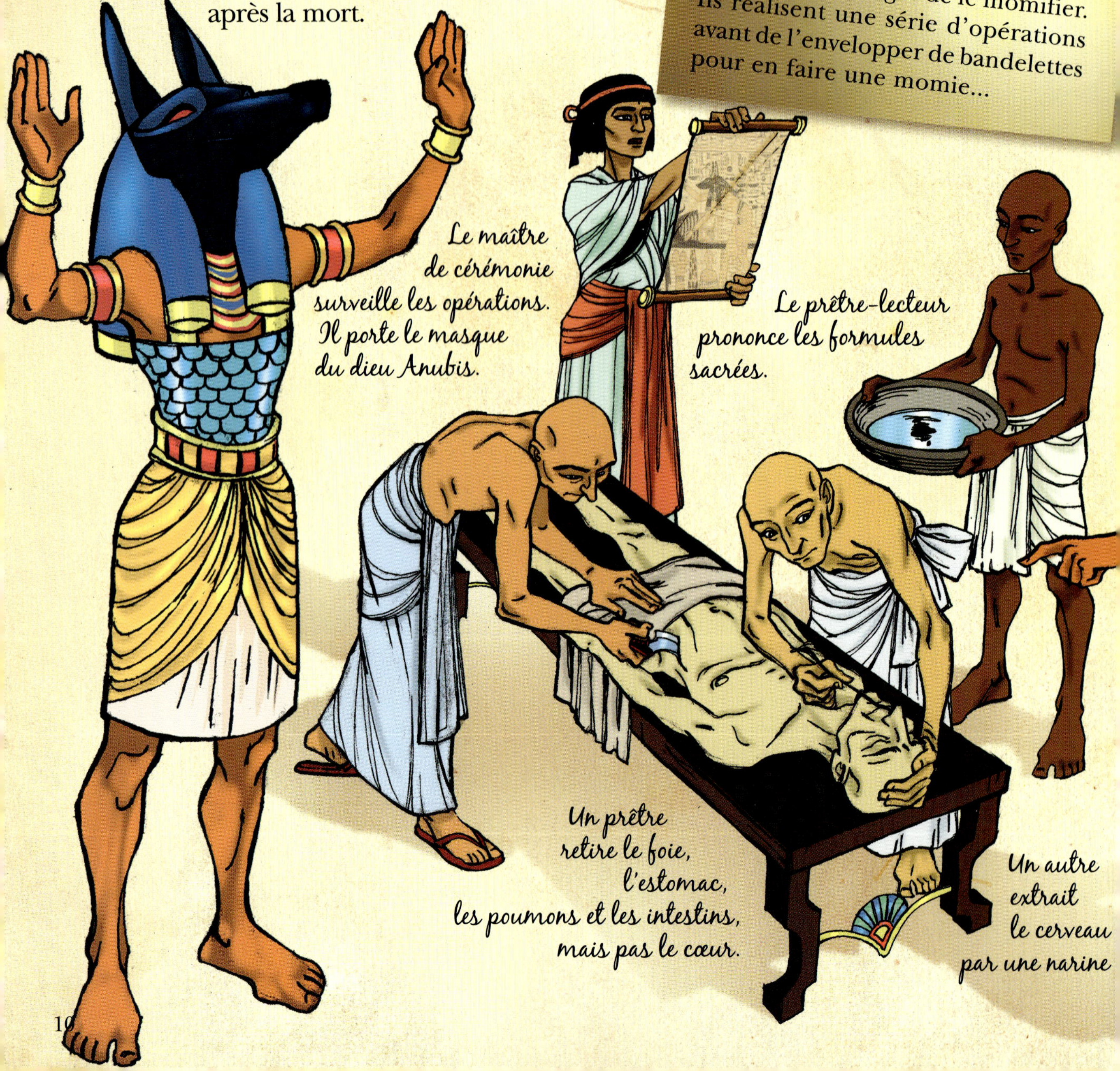

Léger, léger…

Les embaumeurs recouvrent ensuite tout le corps d'une sorte de sel, le natron, pour le dessécher. Au bout de 40 jours, ils enlèvent le natron et parfument le corps. Il ne reste plus qu'à l'emmailloter dans de fines bandelettes !

Le chancelier divin dirige les embaumeurs.

Rien ne se perd !

Le foie, les poumons, les intestins et l'estomac du défunt sont eux aussi momifiés et conservés dans des vases appelés « vases canopes » ! Les quatre fils d'Horus veillent sur les organes.

Douamoutef, à tête de chien, veille sur l'estomac.

Hâpi, à tête de babouin, veille sur les poumons.

Qebehsenouf, à tête de faucon, veille sur les intestins.

Amset, à tête d'homme, veille sur le foie.

Bon voyage !

70 jours après la mort, la momie est enfin prête pour le grand voyage. Mais le royaume des morts n'est pas ouvert à tous !

Complète les cartes de la page 23 à l'aide de ces autocollants.

Tribunal de l'horreur !

Après un long voyage sur la barque du dieu Rê, le défunt arrive dans la salle du Jugement dernier. Une épreuve redoutable l'attend ! Anubis, le dieu de la momification, le conduit devant Osiris, le dieu des morts, et 42 juges aux noms effrayants : « Briseur d'os », « Avaleur d'ombres », « Embrasseur de flammes », « Celui qui se nourrit de sang » !

Hou, le menteur !

Le mort a juré qu'il n'a commis aucune faute. Mais peut-être a-t-il menti ? Pour le savoir, il suffit de peser son cœur. Si le cœur est aussi léger que la plume de la déesse Maât, c'est un être pur et il peut accéder au royaume d'Osiris ! Mais, si son cœur fait pencher le plateau de la balance, un triste sort l'attend…

Anubis place le cœur du défunt sur un plateau de la balance, et la plume de Maât, la déesse de la justice, sur l'autre plateau.

La belle vie !

Si le cœur est plus léger que la plume, le mort est admis dans l'au-delà ! À peine est-il arrivé qu'une déesse jaillit de l'Arbre de vie pour lui servir à boire et à manger. Puis il lui faudra cultiver les Champs d'Ialou pour se nourrir, mais le mort peut s'entourer de serviteurs, qui feront le travail à sa place !

Triste sort

Si son cœur pèse trop lourd sur la balance, le mort peut finir dans un lac sinistre gardé par quatre babouins de Thot… à moins qu'il ne soit avalé par la Grande Dévorante, un monstre mi-crocodile, mi-lion, et un peu hippopotame !

Réunion de famille

Le Nil est en crue, le moment est venu de célébrer la fête de la Bonne Réunion. Déesse de l'amour et de la joie, Hathor va rejoindre son époux Horus : elle quitte son temple de Dendérah, à 160 km plus au nord, pour se rendre à Edfou !

Dur métier !

Les prêtres ont de nombreuses obligations, parfois très curieuses, comme par exemple :

- se raser la tête et le corps tous les 2 jours et s'épiler les sourcils ;
- se purifier en se lavant à l'eau froide 2 fois par jour et 2 fois par nuit ;
- ne pas porter de matière animale (seuls les prêtres « sem » portent une peau de panthère) ;
- ne pas manger de certains aliments, comme du crocodile dans la région de Kom Ombo, où le dieu-crocodile Sobek est honoré !

Sacrés signes

Il existait trois écritures différentes en Égypte ancienne, mais seuls les hiéroglyphes étaient utilisés pour s'adresser aux dieux.

Mémoire d'éléphant ?

Pour lire et écrire les hiéroglyphes, c'est simple : il suffit de connaître environ 750 signes !

Sens dessus dessous

C'est pratique, on peut écrire les hiéroglyphes dans tous les sens, ou presque ! Certains repères aident à trouver le sens de lecture. Le plus souvent, il faut lire de la droite vers la gauche. Mais parfois, de la gauche vers la droite, ou de haut en bas !

Sais-tu déchiffrer les hiéroglyphes ?

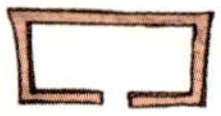 = maison

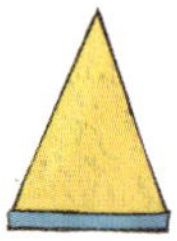 = pyramide

 = grand

 = grande maison

Essaie de deviner ce que signifie 

Réponse : grande pyramide.

Beau métier !

Pour devenir scribe, le garçon va à l'école dès l'âge de 5 ans. Il apprend d'abord l'écriture de tous les jours, puis, au bout de 8 ans environ, les plus doués commencent à lire et à écrire les hiéroglyphes. Un scribe travaille pour le pharaon, un temple ou encore une famille riche. Il est très respecté car c'est le seul à savoir lire et écrire.

Décoratif !

Les hiéroglyphes, c'est si joli qu'on les utilise pour décorer les temples. Mais sais-tu ce qu'ils signifient ?

Rakarabouna !

Abracadabra ! En Égypte, la magie est pratiquée partout et à tout moment, pour éloigner la fièvre comme pour obtenir de bonnes récoltes !

L'œil du dieu faucon Horus (œil oudjat) est le symbole de la bonne santé et de la voyance : l'œil d'Horus voit tout !

Amulette, gentille amulette

On place ces petits objets porte-bonheur entre les bandelettes des momies. On peut aussi les porter au cou ou les cacher un peu partout dans la maison… car ils aident à lutter contre les forces maléfiques…

Le signe ankh maintient en vie celui qui le p

Ces papyrus magiques proposent des remèdes contre les maladies…

Prêtres à tout faire

Dans son palais, le pharaon s'entoure de prêtres, qui sont parfois plutôt médecins ou plutôt magiciens… Une formule magique, une recette secrète et le mauvais sort est éloigné !

Thot-secrets !

Tous les dieux ont des pouvoirs magiques. Les magiciens ont choisi Thot, dieu de l'écriture, comme protecteur. On raconte qu'il avait enfermé le livre secret contenant les formules magiques dans un coffret en or, lui-même placé dans quatre autres coffres emboîtés les uns dans les autres, et déposés au fond de la mer ! Un jour, le prince Nanefer tente de s'emparer des formules magiques… Malheur à lui !

Thot envoie une créature monstrueuse pour noyer Nanefer et protéger le livre secret… La magie n'est pas à mettre entre toutes les mains !

Placée sur la poitrine de la momie, cette amulette représentant un scarabée libère le mort de ses fautes.

En forme de colonne, ou de tronc d'arbre, le pilier djed symbolise la stabilité.

À qui le tour ?

Lors des banquets, on faisait circuler d'un invité à l'autre ce sarcophage miniature. Devine ce qu'il y a dedans !

À n'oublier sous aucun prétexte : le nœud d'Isis assure la protection en toutes circonstances !

En forme de tige de papyrus, l'amulette ouadj apporte la fertilité et la vigueur.

De beaux restes

De l'Égypte des pharaons, il reste aujourd'hui de nombreux monuments. Certains sont encore plus étonnants et mystérieux que les autres…

Le temple d'Amon à Karnak

C'est le plus célèbre, le plus grand, celui qui possède le plus de colonnes… et qui est gardé par le plus grand nombre de sphinx à tête de bélier : on en compte 700 !

Le temple d'Abou Simbel

Cette entrée gardée par quatre gigantesques sculptures cache un temple creusé dans la montagne. Deux fois par an, le soleil y pénètre et éclaire le naos, tout au fond !

Le temple d'Isis à Philae

Ce petit temple construit sur une île au milieu du Nil a été sauvé des eaux ! Alors que la construction du barrage d'Assouan menaçait de le faire disparaître, il a été déplacé pierre par pierre…

Les colosses de Memnon

Il ne reste que ces deux immenses statues d'un palais royal. Elles représentent le pharaon sur son trône. On dit que chaque matin, à l'aube, la statue de gauche se met à chanter !